CUERDA TENSA

LUIS ROMERO

CUERDA TENSA

SOCIETY OF SPANISH AND SPANISH-AMERICAN STUDIES

Copyright (c) 1979
Society of Spanish and Spanish-American Studies

THE SOCIETY OF SPANISH AND SPANISH-AMERICAN STUDIES PROMOTES
BIBLIOGRAPHICAL, CRITICAL AND PEDAGOGICAL RESEARCH IN SPANISH
AND SPANISH-AMERICAN STUDIES BY PUBLISHING WORKS OF PARTICULAR
MERIT IN THESE AREAS. ON OCCASION, THE SOCIETY WILL ALSO PUB-
LISH CREATIVE WORKS. SSSAS IS A NON-PROFIT EDUCATIONAL ORGANI-
ZATION SPONSORED BY THE UNIVERSITY OF NEBRASKA-LINCOLN. IT IS
LOCATED AT THE DEPARTMENT OF MODERN LANGUAGES AND LITERATURES,
THE UNIVERSITY OF NEBRASKA-LINCOLN, OLDFATHER HALL, LINCOLN,
NEBRASKA 68588, U.S.A.

Library of Congress Catalog Card Number: 79-66063

ISBN: 0-89295-011-0

SSSAS: HF-211 (Poetry)

Para Gloria: en la vi-
gilia emocionada del
hemisferio Austral.

PROLOGO

Si la publicación de este libro en el ya lejano año 1950, fue .para mí el milagro que a la mayoría de los escritores les parece su primer libro, esta segunda edición de *Cuerda Tensa*, casi treinta años después, renueva aquel milagro con un añadido entonces impensable: que aparezca en Estados Unidos.

Fue *Cuerda Tensa* mi primer libro, seguido a pocos días de otro muy distinto, *Tabernas*, pequeño volúmen de prosa y tema desenfadados, si bien ambos se hallaban ligados por un rasgo común: su carga autobiográfica.

La mayor parte de los poemas de que se compone, están escritos en los dos años anteriores a la fecha de publicación pero introduje algunos más antiguos, que seleccioné en la creencia de que podían salvarse de entre los que escribí de muy joven, a manera de ensayo o desahogo sin intención de publicarlos. El más antiguo es «Sansón», anterior a 1936. De fecha incierta pero posteriores son «Vago ayer» y «Atardecer», que debí escribir entre 1940 y 1945, basados ambos en recuerdos de niñez o adolescencia. Son asimismo anteriores al conjunto, «Arrabal» e «Insomnio del niño», pero ¿de cuándo? porque, pienso ahora, que este último también podría corresponder a fechas anteriores al inicio de la guerra civil, es decir, a julio de 1936.

«Alonso Berruguete» y «El Angel de Salcillo», vienen influídos por visitas al museo de escultura de Valladolid y a la iglesia de Jesús de Murcia respectivamente. Los demás, con independencia de su aparente dispersión temática, métrica y emocional, responden a las circustancias personales de los años cuarenta y ocho y cuarenta y nueve, en los cuales mi vida iniciaba un cambio, cambio o giro que tenía el convencimiento de que se cumpliría en toda su redondez, como así fue.

Sin desprenderme de mis bases barcelonesas residía entonces largas temporadas en Bilbao, donde me veía a diario con Blas de Otero. Tenía él la costumbre de leerme en su casa, y rodeados de silencio, cuanto escribía y había escrito; así, de viva voz, conocí su obra, la que se ha publicado y la que luego destruiría arrebatado por su rigor. Fue cuando recopilaba poemas, primero para *Angel fieramente humano* y a continuación para *Redoble de conciencia*, a cuyos nacimientos asistí desde muy cerca. Conocí también a otros poetas, buenos y malos, de aquí y de allí, de nuestra generación. Blas de Otero fue el primer lector de este libro, que todavía no tenía cuerpo ni título.

Cuerda Tensa pudo publicarse por el apoyo de un amigo-mecenas, Jorge Franco, ajeno a la poesía y aún a la literatura, salvo como discreto y moderado lector. Se vendieron pocos ejemplares, los suficientes para reembolsar, pasado algún tiempo, y creo que con sorpresa por su parte, al amigo-mecenas. Más que sospecha tengo la certeza de que entre los compradores podía contarse un alto percentaje de amigos, conocidos y parientes. Envié mi libro a poetas conocidos y desconocidos y a algunos de los pocos críticos que había entonces. Recuerdo bien, porque la emoción tiene memoria, que Vicente Aleixandre, a muchos años aún de distancia del premio Nobel, me escribió una carta, una hermosa carta, que me llenó de complacencia a pesar de que me era conocida su generosa actitud hacia jóvenes y noveles. Al año siguiente, y hallándome ya en Buenos Aires, otro Nobel del futuro, Miguel Angel Asturias también conoció *Cuerda Tensa*.

La mayor parte de sus poemas están ligados a un momento importante de mi vida; sentimientos y hechos que determinaban la importancia de aquel momento se transparentan pues no estaba en mí ánimo ocultarlos, antes parecería que necesitaba pregonarlos a pleno pulmón.

De la calidad literaria de estos *versos* nada puedo decir ni me corresponde hacerlo; cuando los releo no consigo juzgarlos o no estoy seguro de mis juicios. La porción de autobiografía que arrastran pesa tanto que la objetividad se diluye. Que no haya archivado definitivamente el todo ni las partes pudiera ser indicio de mi criterio actual de valoración, y más aún la complacencia con que acojo esta reimpresión que emprenden, capitaneados por Luis González del Valle mis amigos de la Society of Spanish and Spanish-American Studies.

Porque un volumen comienza por la dedicatoria, digo que Gloria ya no está en el hemisferio Austral; desde entonces me acompaña, es mi esposa. Y, como interpretación personal, añado para acabar que, si *Cuerda Tensa* puede considerarse como primera piedra de un edificio que ha crecido a fuerza de millares de páginas, no lo es a manera de base o cimentación sino como aquellas primeras piedras de carácter más bien simbólico, junto a las cuales se entierran recuerdos, objetos de identidad, actas, proclamas, signos testimoniales del tiempo presente enviados hacia un futuro incierto, o guiños dirigidos a la nada.

Luis Romero
Barcelona, abril de 1979

"Arroyo no corras más
mira que no eres eterno..."
Canción popular

AYER EN HOY

¿Romperé ese cristal tan poco amigo
o dejaré su frío por mi carne?

Esta niebla arrasada por lo vivo
pero pegada a mi tierra para siempre
me vuelve del revés y me reduce
me esclaviza y me tienta cada día
yo no sé si hacia atrás o hacia adelante.

La casa siempre abierta, nostálgica
un humo vago flota por los arcos
verdades para siempre, para todo
como juguetes rotos de la infancia.

Si mi Estrella Polar no marca el Norte
y me clava en el Sur eternamente.
¡Qué duro es el camino recorrido
arrastrándose uncido a esos recuerdos!

REGRESO IMPOSIBLE

Por la cadena larga de los sueños
día a día sangrando por los ojos
llagados pies y manos con recuerdos
imposibles en nuestra voluntad.

Allí quedará siempre, mínimo, arrinconado
vergonzoso y arisco curvándose la frente
con la blanda congoja presentida
ante cadencias nunca desdeñadas.

Horas y años más lejos por la tarde
cuando Dios nos dejaba convertidos
en estatuas de sal como fantasmas
con la cabeza siempre hacia adelante.

INFANCIA

Caían unas luces cenitales
sobre las cosas recién descubiertas
el aire era ligero, claro, dúctil
y las estrellas mucho más estrellas
Abel disminuido, pequeñito,
y un David anhelante
con piedras para lanzar contra el futuro.

Las manos transparentes
para las sensaciones.
En la retina tierna
manchas impresionistas de color
—rojo, azulados vagos y violetas—
y en el atardecer
un perfume que no se ha repetido
más que en sueños esquivos
o en fugitivas ráfagas veloces.

Abrazaba las cosas y las flores
con los dedos, los labios, y la piel.
La vida era pequeña, loca, intensa
como las ruedecillas de un reloj diminuto.
Arriba, en el cielo fabuloso,
un Dios niño, igual y omnipotente.

5

—Niño Jesús rosado, gran amigo—
con su manita mágica ordenaba.

Cosas concretas con nombre y apellido:
papá, dientes, caballo, luz, lo verde.
Y la palabra mundo, tan exacta,
redonda, astral, tocada con los dedos...

Un aire, un aire turbio lo está arrastrando todo.
Ya no, ya nunca mas ese paisaje.
Era yo, y ya no soy.
¡Es imposible!

VAGO AYER (1923)

Sensación adolescente
bajo el pliegue de los labios.

"Vamos a ir en tranvía
porque el niño
está cansado."

—Padre, madre, abuela y tía
y la vecina de al lado—.

Pobres pidiendo limosna
han alargado las manos:
"Toma niño cinco céntimos
(los pobres nos son hermanos)"

Dulce-amargo sentimiento
contento y acongojado.

ATARDECER

En el barrio pobre los niños
se han hecho arcos con cañas
y con sucios trapos rotos
airones para las lanzas.

Entre gritos y canciones
se arrojan a la batalla.

ARRABAL

Dos casas en construcción
y una tapia.
Una calle a medio hacer
desadoquinada.
Las chiquillas de la escuela
¡Cómo cantan!
Un Rey tenía tres hijas
todas tres como una plata...
Hay un perro que en un charco
bebe agua.
Cestos rotos entre escombros
y unas latas.
Las niñas juegan al corro
enlazadas:
La más pequeña de todas
Delgadina se llamaba...

Absorta muere la tarde.
En las ventanas.

Sembré avena loca ribera del Henares.

Arcipreste de Hita

SPLEEN

Porque la copa es una bella amiga
que besa incandescente y venenosa.
Porque el azar es una prostituta
que se entrega y escapa inaprensible.
Porque nada es más cierto que la nada
ni más atormentante que el recuerdo.
Porque la gran palabra es de ceniza
y el bastón no se apoya en tierra firme.
Porque el cansancio lo arrebata todo
para envolverlo en su raída capa.
Porque esta tarde llueve tercamente...

Es inútil la lucha y el suicidio
es inútil la gracia y la potencia
las coronas de rosas y hasta el vino
la oración de la tarde y la nostalgia
la promesa del mar y el blanco sueño.

SANSON

"vocavitque tonsurem et rasit
septet crines ejus"
Libro de los Jueces

Sansón notó
un viento frío en la nuca
le picaban las estrellas.
Una dulce laxitud
se extendía por sus venas.

Las trenzas sobre los suelos
un viento frío en la nuca
y agilidades del viento
en la cabeza desnuda.

Sansón notó
sensación de águilas grandes
entre su pelo
y el suelo.

INSOMNIO DEL NIÑO

Ser pirata de los mares
ser pirata de los aires.

Mamá, quiero ser pirata
y tener un puñal de oro.
Una isla, muchos barcos
y escondido mi tesoro.

Ser pirata de los mares
ser pirata de los aires.

Mamá, yo he leído un libro...
¡Duérmete, duérmete, niño!

Ser pirata de los mares
ser pirata de los aires.

ALONSO BERRUGUETE

Hay un dolor agudo en esas bocas,
una tormenta angustiada tras los ojos.
¡Dolor de Dios!
de un Dios que está tan alto
que se escapó del goce.
De un Dios terrible, más allá del Mundo.

En esas manos malheridas de infinito,
en esos dientes fríos que no muerden,
parece haber huído la esperanza.
Isaac, San Sebastián, el mismo Cristo
claman hacia un Dios Padre, tan lejano
que parece que ya no pueda oírles.

ROCE

Hay veces
que en la tarde
arden presagios
de muerte prematura.

Trompetas
justicieras
que reclaman
presencia de las almas
al desnudo.

EL ANGEL DE SALCILLO

Marchabas con mi sueño y mi latido
por la rebelde fronda desdeñosa.
Terciopelo tus ojos turbadores
perforaban la fragua de los rezos.

Angélico mancebo de las nubes
fruto de tierra y celestial materia.
¿Desde que estadio divinal bajaste
hasta el barroco que te dió la vida?

ORILLA DEL MAR

Subirán parapetos y tatuajes,
subirán escaleras y arbolados,
subirán las anchuras y las rosas;
y yo estaré aquí abajo.

Subirán las montañas y los ceros,
las barracas de feria y los soldados,
las herencias del mundo y los fantasmas;
y yo estaré aquí abajo.

Aquí abajo, sí, junto a la fuente,
al nivel de la risa y los geranios,
del azul, del ciprés y la columna;
perpetuamente abajo.

DALI

Ese caballo ciego
¡Detenedlo!

!Detenedlo!
Mordisco y levadura.

Las esquinas
se quiebran peligrosas.

Todas las luces
muertas sin suspiro.

Ese caballo ciego
galopante.

Tiene más de mil años
en los dientes.

Ese caballo loco
es extranjero.

Las piedras
le destrozan las pezuñas.

Ese caballo loco
ese caballo ciego.

Detenedlo.
¡Por Dios!

Es como el rayo.
¡Detenedlo!

Ese caballo, ese caballo.
¡Detenedlo!

ADAN Y EVA

Porque fueron primero esos cinco sentidos
que luego se reducen, se clavan hacia adentro.
Una miel milagrosa amasada por niños
se agita por el pecho y lo disuelve en aire.

¡Qué lejos ya las manos y los labios y el pelo!
¡Qué lejos todo y que profundo en uno!
La voluntad se escapa por todos los resquicios.
Un viento tibio, cálido, circula por las venas.

¡Ay la rosa y la danza!
¡Ay la luna y el ángel!
¡Ay el árbol y el pozo!
¡Ay el tigre y el agua!

Se van abriendo puertas y un abismo tan dulce
les atrae a la muerte por un solo camino.
Luminarias antiguas y celestiales sones.
Puertas, abismo, luces, ritmo, color, anhelo,
galope desbocado de caballos heridos.

Aquí terminó todo
Adán, ¿Dónde te escondes?
y Adán se vé desnudo
en su carne de Hombre.

"Es Venus completamente
desnuda, exprimiendo el agua
de sus cabellos húmedos..."

Ovidio: Ars Amandi

PRESENCIA

Marca tus labios
con mi palabra rota.

Marca mis ojos
con tu perfil exacto.

Marca mis venas
con tu canción vivida.

Marca tus labios
con mi fiebre de siglos.

CONTIGO

Clávame
en tu sonrisa
para siempre.

Alma.

Clávame
si tú sabes
como se clava.

¡Ay sólo
soy arena!

Arena
y agua clara.

Consérvame
en tu mano
cerrada.

RETRATO

Arbol
tu cuerpo.

Rosa
tu alma.

Muerte
tu ausencia.

Aire
tu palabra.

ENCUENTRO
(Ría de Vigo)

Reciente todo
como el día uno
dando brincos la lancha por la proa
con sal en las pestañas
y el recuerdo salado.

Enfrente Cangas
y esos treinta años
—contraluz de mañana
y de rencores—.

CALA BONA
(Tossa)

Todo son transparencias
el cielo, el mar,
tu cuerpo.

Sólo yo
soy la luz.

FEBRERO MEDITERRANEO

!Qué bien recuerdo tu voz
en la falsa primavera
de los almendros en flor!

AMANECE EN VILASAR

Sólo
tú y yo.
Es el alba.

Se ha dormido
la palabra.

Sólo
tú y yo
(la palabra
ha escapado
innecesaria).

Sólo
tú y yo
a contraluz
del alba.

RECUERDO EN GRIS
(Lérida)

Las tijeras del río
recortaban los grises de la falda.
Sólo falta un minuto.
Indíbil y Mandonio
desde su bronce oscuro
estarán con nosotros.

Por el Urgel regado
cantaba un marinero,
marinero fantasma
de los huertos.

EN BILBAO

Aldabonazo oscuro que en la noche
arma al brazo desvelaba estrellas,
centinelas dormidos te dejaron
penetrar en mi alcoba desolada.

El Nervión apagado, vigilante
del silencio imprudente de la alondra.
Mi cuchillo cortaba complacido
las velas desplegadas de tu barco.

POSESION

Llama ¡clávate aquí!
clava tu carne en mí.

Carne ¡Clávate aquí!
clava tu llama en mí.

''...Tiras de mi raíz.
Subes mi muerte a flor de labio...''
Blas de Otero

AQUI

Para mis brazos sola, plástica, indemne,
eres roca, tierra y aire al mismo tiempo,
arboladura de mi cuerpo cierto
y arcilla entre mis dedos creadores.

Quiero confiar siempre en tus arcanos
y en tu clarividencia peregrina
— telúrica, abismal, cuerda vibrante —
que bascula entre el cielo y el abismo.

Así abrazados como Adán y Eva,
esperamos la muerte y la calumnia,
esperamos la gracia y la corona
cuando miel es palabra sin relieve.

Sobre mi bosque grande, sobre el pecho,
tu cerebro cansado se reposa.
Cantan arriba los ángeles lejanos
a la carne transfigurada y yerta.

Por tu sueño, por tu melancolía,
por tu historia tendida entre mis manos,
por ese niño muerto y sepultado
al margen de las ansias inmortales.

Estás aquí clavada en esta arena
que sangra por los ojos y los ecos,
clavada para siempre sin huída
cálida como el centro de la Tierra.

SUPERACION

Me rasgan los dientes del recuerdo
el cerebro humedecido de pesares;
existe una cruz triste—madera venenosa—
resonando desde las ciegas peñas.

Transido de tu luz y tus desdenes,
volando con la avalancha de ti misma,
me alejo hasta pensar ser verdadero
el vértigo imposible de las voces.

Otra vez las rodillas por el limo
que me clava a tu yo divinizado
y otra vez suspicacia pordiosera
por las esquinas de los cuatro muros.

Y solo yo me salvo y tú conmigo
los dos sobre el perfil de nuestros odios
como columnas de romana estirpe
que el galope de los bárbaros rozara.

Mano con mano, aliento con aliento,
de infinito a infinito no va nada.
Todas las olas rompen en la orilla
de allí no saltarán; es nuestra historia.

ORBITA

Mensaje de la flor y la cadencia
rosa recién plantada en tierra firme
y lirio, al mismo tiempo, cimbreante.
Otoño de virtudes renacidas,
primavera infantil del amor joven,
potencia del amor y de la risa
que valora el silencio y la palabra.
Déjame que yo busque por tu pecho
un recuerdo olvidado cuando niño,
una voz no aprendida todavia,
la palabra que no se ha pronunciado,
el trazo del Destino en mi destino.
Déjame que yo busque en tu pupila
el secreto de Salomón en mi secreto,
las líneas de la palma de la mano,
el libro del Saber todas las cosas.
Déjame abierta tu belleza insomne
y por el telescopio de tu vida
a través de tu amoroso anhelo
buscaré a Dios, al propio Dios Eterno
que tanto necesito y que nos une.

PLENITUD

Estoy lleno de tí. Estoy tan lleno
que una imagen no cabe en mi memoria
que otro cuerpo no tiembla entre mis brazos
que otro paso no suena junto al mío.

Te has cerrado tan hondo en la pupila
que no tengo más luz ni mas colores
que tu pelo, tus sienes y tu boca,
tu perfil, tu cintura y tu palabra.

Tan lleno estoy de tí, que hasta mi vida
rebosando mi ser y mis afanes
se ha refugiado entre tus manos ciertas
y te has fundido en mí, ya sin remedio.

"Et ego fratres, nou potui vobis
loqui quasi spiritualibus, sed
quasi carnabilus..."

Epístola de San Pablo a los Corinthios

ORACION

Arrancaré estos ojos de sus hondas raices,
arrancaré la carne del armazón amargo,
romperé de su nombre las sílabas eternas
y esperaré que el viento arrastre las cenizas.

La semilla en la tierra duramente enterrada
—en la tierra de muslos y de brazos abiertos—
germinará a la sombra de nuevas primaveras
y otra vez la palabra sonará bajo el arco.

Tú hiciste lo innombrable cuando creaste el Mundo
y de barro amasabas la carne estremecida.
Tu milagro en nosotros repetido a diario
el "Fiat lux" divino que florece en el hombre.

EL TUNEL

Ayúdame Señor
que marcho a tientas
solo—terriblemente solo—desolado
y tengo un miedo antiguo
a ese infierno medroso que tu dices
y a dejar incumplido mi destino.

Dame tu mano abierta, generosa
o ciégame este alma que me diste.
Ayúdame ¡Oh Dios!
si no, me pierdo.
Y tú también te perderás conmigo.

HERIDA DE DIOS

Esta herida de Dios que tengo abierta
sangrante y dolorosa desde niño.
Esta herida destilando aceite
para mi lámpara y para mi tormento,
clavada está profunda, duramente,
como una espina terca, furibunda,
agarrada a mi entraña y a mi carne
y tirando de mis anhelos hacia arriba.

Nunca puedo arrancármela; aquí dentro
un día y otro vive enraizada.
Ni tenazas, ni clavos, ni el imán,
ni bisturí de plata, ni dormir en vano.
Cuando parece que se ha muerto
vive de nuevo el dolor sordo
de su presencia herida, inalterable
y queda una blasfemia entre los labios
cobardemente helada, ruborosa,
mientras mana otra vez sangre teñida
por todos los pañuelos reflejada.

Esta herida de Dios que tengo abierta.
Yo te ruego ¡Señor! que no se cierre.

ETERNIDAD CONCRETA

Yo no quiero, Señor
esa muerte que no elegí; no quiero ninguna muerte.
Palpo mi carne, vive, es jóven, es hermosa,
la noto entre mis dedos llena de vida.
No quiero que se muera.
Siento mi sangre, entre las piernas,
en la garganta, en las muñecas,
canta una vieja canción aquí en las sienes.
¿Por qué hemos de morir?
¿Con qué derecho nos condenaste a muerte?
Morir, no ser, la vida que se para,
los ojos que no ven,
la boca que no puede pronunciar palabra.
Ser tierra, otra vez tierra,
los ojos llenos de tierra,
las manos tocando tierra,
la boca llena de tierra.
¡No quiero, no quiero tanta tierra!
Arados me partirán en trozos
y edificarán casas sobre mí.
Seré trigo y ciudad,
seré pisado por los hombres y por los animales.
Bosques sobre mi carne y juramentos de otros.

No los admito.
Sin luz, sin voz, sin ojos ¿Dónde estoy yo?
¿Con qué derecho si me diste la luz quieres quitármela?
Soy una cosa cierta. Tengo un nombre.
Lo he visto escrito: Luis Romero.
¡Qué bien suena mi nombre porque es mío!
Soy una cosa viva.
Soy eterno.
No quiero yo podrirme
por que aquí vivo y soy y represento.
He de ceder mi sitio para que vivan otros;
la guadaña quiere segarme
y es implacable y fuerte.
Con los dedos me agarro a los árboles,
a las piedras, a los hombres,
hasta llamo a los médicos.
Sé que todo es inútil. Tu quieres que me muera.
Me mandas otra vez a la tierra, sin oirme.
Luis Romero se ha muerto.
Campanas, las de siempre, lutos,
una cruz en mi nombre y pobrecillo...
Murió el día tantos de tantos
y a otra cosa.

¡Dios mío! ¡Dios mío! Si quieres escucharme.
Pronto, el Juicio Final.
Pronto, de nuevo necesito esta carne
y otra vez mi apellido y mi nombre de pila.
Que tu voz desde arriba llame ¡Luis Romerooo!
Que pueda sentirme yo, yo mismo
que todo haya sido una pesadilla
que los cuerpos tengan sangre y lengua y uñas

49

que tengamos dedos, sexo, pestañas y piel
que podamos tocarnos esta carne
que podamos mirarnos en el espejo.
Dios, Dios, que acabe ya esta pesadilla.
Necesito clavarme en la eternidad.
Necesito saber, creer, que soy eterno.

TRES POEMAS DE EUROPA

1941

A Enrique

Sonaban unas voces de hombres
—tercas, agudas, vengativas—
por los cuatro puntos cardinales
sonaban unas voces de hombres.

La tierra de cristal ardiendo en ira
crueldad sellada por un duro pacto.
No quedaban rendijas
para la compasión ni la sonrisa.
Las encías se habían descarnado
dándole dentelladas a los suelos.
Cielos oblicuos, desesperanzados,
y un deseo imperioso de dormir,
dormir mucho, casi para siempre.

Esqueletos de viejas sensaciones
tenaz busca de sangre
dolor, frio, cansancio;
aquí estamos clavados
no nos moveremos nunca
jamás, jamás nos moveremos.
Orgullo sostenido, oriflama siniestro,
áspero imperativo de la raza
de la raza que exige fieramente.

Yo ya no puedo más,
nunca amanece;
si pudiera apoyarme en una mano
cordial y generosa mano.
No hay ninguna mano
se acabaron las manos
las han cortado todas.
Nunca amanece,
todavía resisto; me han salido raíces en las botas
y la palabra hombría mantiene su vigencia.

Todas las noches ten plaban los cuchillos
arrojaban los dados
sobre una juventud
de sangre tan caliente
que ardía con una canción mal aprendida
o con un gesto apenas insinuado.

A veces un rayo de sol
una viva luciérnaga sedosa
les lamía en el alma íntimamente,
y recordaban a la madre
y recordaban la lágrima pequeña
en el abismo añil de sus pupilas.
Se juntaban entonces abrazados
a sus infancias escondidas, yermas,
y dentro les bailaba la guitarra
la guitarra y el pájaro silvestre
y esa mínima y dulce primavera
volaba por sus calles calcinadas.

Los periódicos decían cosas bellas
eran como verdades intuídas
pero la piel se rompía en pedazos
y los ojos se aplastaban contra el hielo.
Yo he visto cruces de madera
sobre la irremediable y descarnada
mano de Dios inmensa
golpeadas con dedos de plomo
en las noches de fuego y de zozobra
y también he visto una mujer muerta para siempre...

Sabían del dolor y del acecho
de las talas del bosque entre chirridos
y de cuatro verdades furibundas
que se habían tragado a bocanadas.
La señal de la cruz sobre la frente
la muralla más fuerte y poderosa
y las garras, los dientes y colmillos
para defensa de su yo y su albedrío.

Yo escuché esas vibrantes voces de hombres
sobre el duro pavimento de la tierra
yo escuchaba esas voces;
ora ausentes, ora dentro de mí,
salían por mi boca,

Las tengo aquí guardadas
y me gritan, me dan voces de alerta
me conmueven y muerden con imperio
cuando se queda abierta una ventana
o la sangre se desboca por los pulsos.

Yo le ofrezco a tu altar
la caja misteriosa y explosiva
la dura caja angustiada y anhelante
donde las voces de hombre que escuchamos
gritando en nuestra carne
duermen un sueño largo
rara vez desvelado
que nunca enterraremos.

1945

No tener una patria para caer rendido
no tener una patria para morir por ella
no tener una patria para llorar su polvo
no tener una patria para abrigar su noche.

No tener una patria para labrar su tierra
no tener una patria para adorar sus dioses
no tener una patria para lucir su gloria
no tener una patria para enterrar sus muertos.

Se han quedado sin sangre
con las venas rajadas
sin tierra en los caminos
con la conciencia herida.
Ya les quitan el grito
enfundando las voces
segando ásperamente
todas las cataratas.

¿Dónde hallar el calor
de la vida pequeña,
el cantar junto al huerto
y la madre de siempre?

El mapa con la vida
y la muerte de todos
está entre bayonetas
que cosen los silencios.

Locos van por las calles
mascando la impotencia
con cansancio de lluvias
sobre el viejo capote.
Golpean las ventanas
apagando las luces
para olvidar sin lucha
colores de banderas.

Las tijeras injustas
las corrientes siniestras
el fuego y la venganza
nivelaron los montes.
Los niños de la escuela
ignoran las ciudades
estudiando ilusorios
trazos de otros cometas.

¡Señor! Vuelve a agruparles
junto al antiguo roble
donde cruces y espadas
protegen ilusiones,
dales de nuevo Patria
y nombre de la estirpe
para parir los hijos
en tierra como cuna.
Dales de nuevo alma

con mano milagrosa.
Taumaturgo de reinos
y de razas vencidas,
haz que el raptor astado
nos restituya a Europa
y que las lenguas cultas
puedan decir tu Nombre.

1950

A Ramón Eugenio de Goicoechea.

No, no estamos conformes
no estamos conformes con lo que está acaeciendo.
Aprendimos; nos enseñaron otras gentes
que dos y dos son cuatro
que los límites de Europa
que Colón descubrió América
que la invasión de los bárbaros.
Y ahora intentan hacernos creer
que no somos hermanos de los hombres
que la justicia no es una idea justa
que el Derecho es tan frágil como el vidrio
y nos echan en cara estos brazos tan flacos
y el borbotón fecundo
que mana de la Historia
de la historia vivida con peligro y tragedia.

¡Basta ya de noticias histéricas
de proclamas blasfemas!
Cuando los hombres de Alemania
estaban allá en Narwick
y por el mar de arena luchaban los ingleses
cuando en Stalingrado peleaban
fusil contra fusil

cuando Pablo Neruda
cantaba locamente
el heroismo de sus camaradas
cuando Pablo Neruda, injusto, se olvidaba
que los soldados de uniforme verde
morían verticales como arcángeles.
Cuando el odio se había desprendido
de su rizosa corbata engalanada
y las pasiones
rugían como fieras
entre el llanto sin cifra de los muertos.
Cuando Europa era una tumba sólo
llena de escuetas cruces y metralla.

Entonces todos los nacidos
estabamos en una u otra orilla
fuertes dientes de lobo prestos para el mordisco
y oscura la conciencia
de pecados mortales repetidos.
Un Mar Rojo sin tierra prometida
como si el cielo roto en diez pedazos
se hubiera derrumbado en nuestros huesos.

Por un momento muchos miles de hombres
creyeron que iba a pasar algo
presentían rotundas claridades
y un chocarse de vasos y cerebros
en brindis delirantes de justicia.

La fuerza sólo es fuerza
cuando crea.
Es inútil el rigodón del agua
chocando con las peñas cada día

pues el agua del mar no gana el cielo.
Bastaba una mirada o un suspiro
necesitaban el freno, no la espuela
la cuadratura exacta
y hasta concedo que la raíz cúbica.
Pero la bayoneta
cuando no hay enemigo
es un perenne insulto
y el rebelde es un ser negativo
que tira del hogar hacia la tumba.

No, no estamos conformes
otra vez se ha frustado mucha sangre
demasiada sangre güelfa o gibelina
toda era sangre roja
ahora que la contemplo desde arriba.

Ya no estaremos conformes
la injusticia se eleva como flor de la tromba
para ahogarnos irremisiblemente.

Las manos alargadas
y las pupilas secas
dicen más claramente que alaridos facciosos
que no estamos conformes.
Y que algún día
nuestras voces rompiendo las estrellas
se clavarán iracundas en el cielo.